BEI GRIN MACHT SICH IHR WISSEN BEZAHLT

- Wir veröffentlichen Ihre Hausarbeit, Bachelor- und Masterarbeit

- Ihr eigenes eBook und Buch - weltweit in allen wichtigen Shops

- Verdienen Sie an jedem Verkauf

Jetzt bei www.GRIN.com hochladen und kostenlos publizieren

Bibliografische Information der Deutschen Nationalbibliothek:

Die Deutsche Bibliothek verzeichnet diese Publikation in der Deutschen National-
bibliografie; detaillierte bibliografische Daten sind im Internet über http://dnb.d-
nb.de/ abrufbar.

Impressum:

Copyright © 2014 GRIN Verlag, Open Publishing GmbH
Druck und Bindung: Books on Demand GmbH, Norderstedt Germany
ISBN: 978-3-668-17248-7

Dieses Buch bei GRIN:

http://www.grin.com/de/e-book/318085/der-tod-ist-nicht-das-letzte-die-christliche-
auferstehungshoffnung-10

Astrid-Maria Gerhardt

Der Tod ist nicht das Letzte. Die christliche Auferstehungshoffnung (10. Klasse, kath. Religion)

GRIN Verlag

GRIN - Your knowledge has value

Der GRIN Verlag publiziert seit 1998 wissenschaftliche Arbeiten von Studenten, Hochschullehrern und anderen Akademikern als eBook und gedrucktes Buch. Die Verlagswebsite www.grin.com ist die ideale Plattform zur Veröffentlichung von Hausarbeiten, Abschlussarbeiten, wissenschaftlichen Aufsätzen, Dissertationen und Fachbüchern.

Besuchen Sie uns im Internet:

http://www.grin.com/

http://www.facebook.com/grincom

http://www.twitter.com/grin_com

Inhalt

1 Zentrales Anliegen der Stunde

Die SuS fördern ihre Deutungskompetenz, indem sie den biblischen Textauszug aus dem 1. Korintherbrief, Kapitel 15, interpretieren und zu ihrem eigenen Leben in Beziehung setzen, um dadurch die christliche Auferstehungsbotschaft des Bibeltextes in Bezug auf ihr eigenes Leben neu zu bewerten und zu verstehen. Die SuS können ihrer eigenen Vorstellung von einem möglichen Leben nach dem Tod Ausdruck verleihen und sie erläutern.

Dabei können sie...

- einem auditiven und visuellen Impuls die wichtigsten Informationen entnehmen.
- die Botschaft der Song-Ballade und der Bilddarstellung wahrnehmen und interpretieren.
- einen biblischen Textauszug strukturieren und diesen kriterienorientiert analysieren.
- mittels kooperativer Zusammenarbeit auf kreativer, sprachlicher Ebene Lösungen entwickeln und dabei respektvoll miteinander umgehen.
- die Auferstehung Jesu als Hoffnung für alle auf Überwindung des Todes und Eingehen in das Leben bei Gott erfassen.
- ihre eigenen Hoffnungen und Vorstellungen zur christlichen Auferstehungsbotschaft formulieren.

2 Stellung der Stunde in der Einheit

UE	Thema	Intention
1	Gedanken über den Tod, Fragen an den Tod-eine Annäherung.	Die SuS erweitern ihre Kommunikationskompetenz, indem sie sich vor dem Hintergrund eigener Erfahrungen und Wissen über das Thema „Tod" gemeinsam austauschen.
2	Felix Salten-zwei Blätter am Ast. Vergänglichkeit und/oder Neugeburt.	Die SuS entwickeln ihre Deutungskompetenz, indem sie die Geschichte von Felix Salten auf der anthropologischen Ebene interpretieren und dadurch die Begrenztheit des menschlichen Lebens reflektieren und in diesem Zusammenhang ansatzweise über die Bedeutung und den Sinn des eigenen Lebens nachdenken.
3 - 4	Begegnungen mit dem Tod-Ängste und Hoffnungen (Fallbeispiele).	Die SuS erweitern ihre Wahrnehmungskompetenz, indem sie sich mit verschiedenen Ursachen des Todes und Formen der Trauer und Ängsten von Menschen auseinandersetzen.
5	Die fünf Sterbephasen nach Kübler-Ross.	Die SuS fördern ihre Wahrnehmungskompetenz, indem sie mit den Gefühlen und Gedanken Sterbender konfrontiert werden.
6 - 8	Exkursion: Friedhofsbesuch in der Stadt z .	Die SuS erweitern ihre Partizipationskompetenz, indem sie religiöse Ausdrucksformen erschließen, ihre Bedeutung erkennen und sich auf Formen gelebten Glaubens einlassen.
9	„Wenn ich wüsste, dass ich noch ein Jahr zu leben hätte..."	Die SuS fördern ihre Wahrnehmungskompetenz, indem sie achtsam und aufmerksam ihr Leben reflektieren.
10	*Der Tod ist nicht das Letzte! – Die christliche Auferstehungshoffnung.*	*Die SuS fördern ihre Deutungskompetenz, indem sie den Bibeltext, 1. Korintherbrief, Kapitel 15, interpretieren und zu ihrem eigenen Leben in Beziehung setzen, um dadurch den Bibeltext sowie das eigene Leben neu zu bewerten und zu verstehen. Die SuS können ihre eigene Vorstellung von einem möglichen Leben nach dem Tod zum Ausdruck bringen und sie erläutern.*
11	Von der Erde bist du genommen, zu Erde sollst du wieder werden"- Abschied durch die Beerdigung.	Die SuS fördern ihre Partizipationskompetenz, indem sie sich auf eine Form des gelebten Glaubens einlassen und erkennen, dass das Ritual der Beerdigung eine Form der Trauerverarbeitung ist. Dabei haben die SuS die Möglichkeit, sich über ihren eigenen Glaubensstandort zu vergewissern.
12	Sterben an der Hand eines anderen-Sterbebegleitung.	Die SuS erweitern ihre Wahrnehmungs- und Urteilskompetenzkompetenz, indem sie

2

		unterschiedliche Sterbeprozesse beobachten und dabei mögliche Konsequenzen für einen möglichen Umgang mit Sterbenden ziehen und diskutieren.
13	Sterben durch die Hand eines anderen-Sterbehilfe.	Die SuS fördern ihre Urteilskompetenz, indem sie über den Konflikt „Wo sind die Grenzen der Medizin und Forschung" und „Inwieweit strebt der Mensch Unsterblichkeit an" diskutieren.
14	Irrlichter im Kopf oder Einblicke ins Jenseits? - Nahtoderfahrungen.	Die SuS erweitern ihre Kommunikationskompetenz, indem sie diskutieren, dass christliche Nahtoderfahrungen und vor allem die Auferstehungshoffnung zur Trauerverarbeitung beitragen können.
15	Jenseitsvorstellungen in den Weltreligionen.	Die SuS fördern ihre Deutungskompetenz, indem sie Vorstellungen des Todes in anderen Religionen (Judentum, Hinduismus, Buddhismus und Islam) ansatzweise wiedergeben und sowohl mit ihrer eigenen als auch mit der christlichen Auferstehungshoffnung vergleichen können.
16	Reflexion der Unterrichtsreihe	Die SuS fördern ihre personale Kompetenz, indem sie durch Reflexion auf die Unterrichtseinheit ihre Lernfortschritte erkennen können und dadurch befähigt werden, ihr eigenes Potential zu erkennen, um dadurch mehr Selbstvertrauen zu gewinnen. Dies führt zu einer positive Selbstregulation und bereichert ihr Selbstkonzept.

3 Bedingungsanalyse

3.1 Institutionelle Bedingungen in Bezug auf die Stunde

Die xy Schule liegt am Rande der Stadt y und war die erste schulformbezogene Gesamtschule des ehemaligen Kreises z Das Schulgebäude mit seinen hellen Fassaden gliedert sich in eine Haupt- und Realschule als auch in ein modernes Gymnasium mit gymnasialer Oberstufe. Etwa xv Schüler besuchen derzeit die Schule.

Im Fach Katholische Religion wird die Lerngruppe, bestehend aus SuS den Lerngruppen 10H/10R, in zwei Wochenstunden unterrichtet. Diese liegen laut Unterrichtsplan mittwochs in der 1. Stunde sowie freitags in der 4. Stunde. Aufgrund der relativ kleinen Lerngruppe ist die Raumgröße angemessen; dies gilt insbesondere für Gruppenarbeiten und Präsentationen, Stationsarbeit („Lernstraße"), Museumsgang sowie Gestaltung von Projekten. Im Klassenraum befindet sich ein Beamer, der problemlos den Einsatz digitaler

Medien erlaubt. Die dafür benötigten digitalen Medien (Laptop) können in der Mediothek ausgeliehen werden. Als Lehrwerk steht den SuS das Schülerbuch „Zeichen der Hoffnung", Sekundarstufe I, Jahrgangsstufe 9/10, aus dem Patmos-Verlag zur Verfügung. Aufgrund einer anderen Schwerpunktsetzung wird in der vorliegenden Stunde auf den Einsatz des Lehrwerkes verzichtet. Anstelle dessen stehen den SuS ein Song (Ballade), ein Kunstbild sowie ein Bibeltextauszug zur Verfügung.

3.2 Beschreibung der Lerngruppe

Die Lerngruppe 10H/10R im Fach Katholische Religion wird seit Beginn des 2. Schulhalbjahres von mir eigenverantwortlich unterrichtet. Sie besteht aus 15 SuS im Alter von 15-17 Jahren, davon gehören 10 zum weiblichen Geschlecht und 5 zum männlichen Geschlecht. Zwei Schülerinnen, R und L, gehören der 10H an. Die Jugendlichen befinden sich in einer Phase, die von einem Dualismus geprägt ist: Auf der einen Seite möchten sie Gott/Jesus aus ihrem Leben nicht verwerfen, aber auf der anderen Seite bestehen religiöse Zweifel, das Suchen nach der eigenen Identität und Freiheit, die sich in einer allgemeinen Vertrauenskrise zu Gott/Jesus äußert und die Jugendlichen immer wieder im Unterricht fragen lässt: Gibt es wirklich einen Gott? Wer war Jesus Christus wirklich? Insbesondere M, L, La, A, O, Lu und C scheuen sich einerseits nicht, Gott gegenüber offen zu sein und ihren Glauben zu bejahen, aber auch andererseits nicht, den Glauben kritisch zu hinterfragen. Trotz ihrer kritischen Einstellung zeigen sie sich motiviert und arbeiten sowohl strukturiert als auch gewissenhaft. Die SuS achten auf ihre Gefühle und Bedürfnisse und lassen sie in den Unterrichtsprozess mit einfließen *(Selbstregulierungskompetenz)*. Sie sind darum bemüht, ihre persönlichen Geschichten bzw. ihre persönlichen Erfahrungen mit einzubringen. Provokative Äußerungen habe ich in der Lerngruppe bisher nicht erfahren. D und J stehen dem Glauben an Gott sehr kritisch gegenüber. Engagiert und bemüht zeigen sie sich dennoch offen für Glaubenserfahrungen, die ihnen fremd sind. Die Lerngruppe verhält sich insgesamt diszipliniert und höflich. Sie bemühen sich alle, dem Unterricht zu folgen. R, La, V, K, A und N sind sehr ruhige Schülerinnen. Dennoch arbeiten sie fruchtbringend mit. Dies zeigt sich insbesondere bei der Erarbeitung der Unterrichtsinhalte sowie in der Darstellung ihrer Lernergebnisse.

K bildet bezüglich ihrer Erfahrungen mit dem Tod eine Ausnahme: Ihre Mutter verstarb vor etwa 1 ½ Jahren an einem Krebsleiden. Sie hat lange Jahre den Leidensweg ihrer Mutter miterlebt. Die Konfrontation und die Auseinandersetzung mit dem Tod bereiten ihr psychisch-seelische Schwierigkeiten. Deshalb ist es ihr erlaubt, jederzeit den Unterricht abbrechen zu dürfen oder in einer anderen Lerngruppe mitzuarbeiten. Trotz dieser Option hat K bisher an allen Religionsstunden teilgenommen und den Unterricht auch nicht verlassen. Zu Beginn der Unterrichtseinheit wirkte sie sehr introvertiert und zurückhaltend, öffnete sich aber im weiteren Verlauf immer mehr dem Unterrichtsgeschehen. Insbesondere beim Friedhofsbesuch konnte sie ihre persönlichen Erfahrungen zum Ausdruck bringen.

3.2.1 Arbeits- und Sozialverhalten

Die Lerngruppe ist geprägt von einer sehr guten Sozialkompetenz. Die SuS sind freundlich und arbeiten kooperativ, respektvoll und kollegial im Team zusammen. Dies zeigt sich nicht nur in den Partner- und Gruppenarbeiten, sondern auch im Umgang mit jedem Einzelnen. Besonders hervorzuheben ist ihre soziale Wahrnehmungs- und Kommunikationskompetenz. Dies ist nicht selbstverständlich, da es sich um unterschiedliche Lerngruppen handelt. Das solidarische „Füreinander-das-ein" zeigen die SuS sowohl innerhalb ihrer Lerngruppe als auch im Umgang mit anderen Lerngruppen.

3.2.2 Lernvoraussetzungen der Lerngruppe

Ihre kognitiven Fähigkeiten entsprechen dem zu erwartenden Entwicklungsstand von Gleichaltrigen. Hervorzuheben sind insbesondere ihre Sozial- und Personalkompetenz. Sie schenken sich gegenseitig Aufmerksamkeit, Hilfsbereitschaft und Respekt. Dies ermöglicht der LiV ein angenehmes Arbeiten mit der Lerngruppe. Sie können einerseits ihren Intellekt gut einschätzen und abwägen, was sie sich zutrauen können (Selbstregulierung), andererseits die Gefühle, Emotionen und Aussagen ihrer Interaktionspartner wahrnehmen und sich situativ in die Lage des Anderen hineinversetzen. So ist ein kommunikativer, stets lebendiger Austausch möglich, der Voraussetzung für produktives Arbeiten schenkt. Die Wahrnehmungskompetenz und die Kommunikationskompetenz dienen in der vorliegenden Stunde der Erarbeitung und Erschließung der Problemfrage. Die SuS sind es gewohnt, ihren Arbeitsprozess weitgehend selbstständig zu planen, wenn ihnen das Material und die

Aufgabenstellung zur Verfügung gestellt werden. Sind die SuS auf eine für sie bekannte Methode eingestellt, so steuern sie eigenständig und zielorientiert der Lösung des Problems entgegen (Problemlösekompetenz). Die SuS sind es aber gewohnt, dass das zu erschließende Problem ihnen deutlich gemacht wird. Methodisch sind die SuS es nicht gewohnt, selbstständig eine Problemfrage zu entwickeln. Mit Unterstützungsmaßnahmen soll dies in der vorliegenden Stunde gestärkt werden. Bezüglich der Deutungskompetenz können die SuS religiöse Zeugnisse aus Tradition und Gegenwart auslegen und zum eigenen Leben in Beziehung setzen. Auch diese Kompetenz ist für die heutige Stunde sehr gefordert. Da die christliche Auferstehungsbotschaft jegliche menschliche Vorstellungen sprengt, ist die religiöse Symbolsprache bedeutsam für das Verständnis von Auferstehung als Eingehen in das Leben bei Gott. Der Friedhofgang ermöglichte, das Symbolverständnis der SuS zu stärken. In der vorliegenden Stunde soll das Symbol „Kreuz", das den SuS auf dem Friedhof insbesondere ins Auge gefallen war, im Mittelpunkt stehen. Mit Hilfe des Symbols „Kreuz" sollen die SuS eine Verbindung zwischen der Song-Ballade und dem Bibeltextauszug herstellen, um daraus schließend, die Aussagen des 1. Korinther, Kapitel 15, zu deuten, um dadurch ihre eigene christliche Vorstellung von Auferstehungshoffnung zu reflektieren und transparent zu machen.

4 Überblick über den Verlauf der Stunde

Zeit	Phase	Geplanter Unterrichtsverlauf	Didaktisch-methodischer Kommentar	Arbeits- und Sozialform	Medien
2:00´	Ritual	Im Anschluss an die gemeinsame Begrüßung liest ein/e SuS seine/ihre selbst verfassten meditativen Gedanken, verbunden mit dem Thema „Tot – was dann?" vor.	Die Pflege des Rituals zu Beginn einer Unterrichtsstunde ist stets themenorientiert und leitet den Beginn der Unterrichtsstunde ein. In der UE dient es dazu, dass die SuS ihre Gedanken zum Thema „Tot-was dann?" frei reflektieren können.	SuS-Vortrag	meditativer Text
6:00´	Einstieg	Auditiver und visueller Impuls: Die LiV spielt die Song-Ballade von den Toten Hosen „Nur zu Besuch" vor. Gleichzeitig werden visuell die wichtigsten Botschaften des Liedes stichwortartig jeweils auf einer Power-Point-Seite wiedergegeben. Zum Abschluss des Songs erscheinen die wichtigsten Aussagen auf einer Power-Point-Seite, die den SuS auch bei der Problematisierung des Themas zur Verfügung stehen soll. SuS äußern spontan ihre Eindrücke und Gedanken, die sie mit dem Song verbinden.	Da der Song sehr emotional vertont ist und dadurch auch Betroffenheit auslöst, dient der visuelle Impuls dazu, den Text verstärkend in den Vordergrund zu rücken. Diese Notwendigkeit begründet sich auch daher, weil die Song-Ballade keinen Refrain aufweist, sondern der Spannungsbogen bis zum Höhepunkt am Ende des Songs aufrecht erhalten wird. Die dadurch gegebene Textfülle und ihre Informationsverarbeitung werden durch die visuelle Darstellung erleichtert.	L-Aktivität, SuS-Aktivität, Meldekette	CD-Player, CD, Power-Point, Laptop, Beamer
3:00´	Hinführung	Visueller Impuls: Die LiV präsentiert zur Power-Point-Wörter-Seite gleichzeitig das Bild	Visuell unterstützt das Bild den Zugang zur Problemfrage. Da die SuS Bildinterpretationen nicht	L-Aktivität SuS-Aktivität,	Power-Point, Kunstbild: „Kreuz und

7

Zeit	Phase	Unterrichtsgeschehen		Sozialform/Methode	Medien
	„Kreuz und Auferstehung". Die SuS assoziieren das Bild „Kreuz und Auferstehung" mit den Songtextwörtern auf der Power-Point-Seite. Die SuS äußern ihre Gedanken und Vermutungen.	gewohnt sind, können als zusätzliche Hilfs-Impulse dienen: „Ich sehe..." „Das Bild zeigt mir..." „Es gibt doch eine Verbindung..."		Meldekette L-Aktivität SuS-Aktivität, Meldekette	Auferstehung"
2:00'	Problemfrage Die SuS formulieren mögliche Problemfragen, wie „Was bedeutet Auferstehung?", „Gibt es ein Leben nach dem Tod?", „Was kommt nach dem Tod" oder „Ist mit dem Tod alles zu Ende?", „Gibt es eine Hoffnung nach dem Tod?". LiV schreibt die Problemfrage an die Tafel.	Die Formulierung einer Problemfrage ermöglicht eine zielgerichtete Erarbeitung sowie spätere Ergebnissicherung und hilft den SuS, den „roten Faden" der Stunde aufrechtzuerhalten.		SuS-Aktivität L-Aktivität	Tafel, Power-Point Kunstbild: „Kreuz und Auferstehung"
2:00'	Arbeitsauftrag Die SuS erhalten den Arbeitsauftrag: Der Arbeitsauftrag ist schriftlich auf einem AB fixiert. Zunächst wird jedoch der Arbeitsauftrag mittels Power-Point-Präsentation von den SuS vorgelesen. Gegebenenfalls beantwortet die LiV Fragen, Unklarheiten und Missverständnisse.	Die Aufgabenstellung und der thematische Gang sollen klar, verständlich und plausibel geklärt werden, damit die Ergebnissicherung zielorientiert und verbindlich gestaltet werden kann.		L-S-Gespräch	Power-Point, Beamer, Laptop, Arbeitsauftrag, Materialtische, Pult mit Tippkärtchen

20:00'	Erarbeitung	Den SuS werden drei Wahlaufgaben angeboten, die in Einzelarbeit (Brief schreiben), in Partnerarbeit (ein Rollenspiel gestalten) und in Gruppenarbeit (Gesprächsrunde mit Diskussion) von den SuS gestaltet werden können.	Jeder(m) SuS soll im Rahmen ihrer/seiner Möglichkeiten durch geeignete Maßnahmen Lernchancen eingeräumt werden. Hier gilt der Versuch, eine Differenzierung aus drei Perspektiven vorzunehmen: a) Eine Differenzierung in der Sozialform (EA;PA;GA). b) In der Art und Weise des kreativen Umgangs in Sprache und Darstellung. c) Durch die Gesprächsrunde (Diskussion), in der auch SuS aktiv eingebunden werden, die eher kritisch und zweifelnd dem Glauben gegenüber stehen.	Einzelarbeit, Partnerarbeit, Gruppenarbeit	AB: Arbeitsaufträge, AB: biblischer Textauszug (1. Kor, Kapitel 15), Tippkärtchen
5:00'	Präsentation	Einzelne Ergebnisse werden von den SuS präsentiert.	Aus pädagogischer Sichtweise sollen die Erarbeitungen der SuS entsprechend von allen gewürdigt und das Positive herausgestellt werden. Dennoch darf der Ausdruck einer Kritik nicht gänzlich ausgeblendet werden. Das „sich-einbringen" in das Unterrichtsgeschehen fördert das Selbstkonzept der SuS. Sollten aus Zeitgründen nicht alle Präsentationen gehört werden, so soll dies zu Beginn der nächsten Stunde nachgeholt werden.	SuS-Aktivität	Arbeitsaufträge, Biblischer Textauszug, Rollenspiel, Brief, Gesprächsrunde mit Diskussion

| 5:00′ | Ergebnis-sicherung | LiV zeigt auf die an der Tafel stehende Problemfrage.
Die SuS sammeln die von ihnen in der Präsentation vorgetragenen wichtigsten Statements auf einem mit der Problemfrage versehenen Plakat. | Die Ergebnissicherung soll anschaulich gestaltet sein, um den SuS eine Orientierungsmöglichkeit der eigenen Vorstellung über die Auferstehungshoffnung zu bieten. | L-Aktivität
SuS-Aktivität | Tafel
Plakat, Stift, Kunstbild „Tod und Auferstehung" |

10

5 Literaturverzeichnis

Hessisches Kultusministerium (Hrsg.): Bildungsstandards und Inhaltsfelder. Das neue Kerncurriculum für Hessen, Sekundarstufe 1 – Realschule, Katholische Religion, Wiesbaden 2011.

Hilger, Georg/Leimgruber, Stephan/Ziebertz, Hans-Georg; Religionsdidaktik – Ein Leitfaden für Studium, Ausbildung und Beruf,3. Aufl., München 2013.

Wendel Niehl, Franz/Thömmes, Arthur; 212 Methoden für den Religionsunterricht, 12. Aufl., München 2012.

Hilfsmittel für Unterrichtsmaterialien:

Koretzki, Gerd-Rüdiger/Tammeus, Rudolf (Hrsg.); Religion – entdecken, verstehen, gestalten, 9./10. Schuljahr, Göttingen 2002.

Internet:

https://www.die-bibel.de/online-bibeln/gute-nachricht-bibel/bibeltext/09.03.2014.

http://www.golyr.de/die-toten-hosen/songtext-nur-zu-besuch-700274.html,09.03.2014.

6 Anhang

Anhang I

Text zur Song-Ballade:

„Nur zu Besuch", gesungen von den Toten Hosen

(http://www.golyr.de/die-toten-hosen/songtext-nur-zu-besuch-700274.html)

Hinweise für L:

1. Egal, ob die SuS die Rockgruppe „Tote Hosen" kennen oder nicht, ist es sinnvoll, darauf hinzuweisen, dass der Sänger Campino heißt (vgl. Arbeitsauftrag) und zu seinem Freund spricht oder zu einem spricht, der im sehr nahe stand.

2. Zum Inhalt: Campino erzählt, dass er sich an diesem Ort (Grab) sehr wohl fühlt und ein Gefühl von Freiheit, Ruhe und Frieden spürt. Er beschreibt die Grabstätte als grenzenlos, d.h. als ein Ort des Überganges. Der Tod trägt bei Campino einen positiven, freundlichen Charakter. Im Tod scheint die Sonne und Campino weiß, dass er und sein Freund sich wiedersehen und wieder jede Menge Zeit miteinander haben.

3. Die Ballade kann emotionale Betroffenheit auslösen (vgl. didaktisch-methodischer Kommentar: Einstieg).Um zu vermeiden, dass die SuS nur auf die Melodie achten, weniger auf den Text, habe ich eine Power-Point-Präsentation erstellt, in der einzelne, wichtige Wörter eingeblendet werden, nachdem es von Campino im Songtext erwähnt wird.
Beispiel: „...fühl ich mich **grenzenlos**".- jetzt wird das Wort **„grenzenlos"** eingeblendet.
Die Wörter werden alle zunächst einzeln eingeblendet und erscheinen nicht zusammen. Durch diese Art der Präsentation wird das multisensorische Lernen gefördert: auditiv und visuell. Es fördert die Wahrnehmungsfähigkeit und die Konzentration des Zuhörens. Der Inhalt der Song-Ballade kann von den SuS kognitiv leichter verarbeitet werden. Eine Erleichterung der Textverarbeitung ist auch deshalb notwendig, weil die Ballade keinen Refrain enthält und der Spannungsbogen bis zum Ende der Ballade aufrecht erhalten wird.
Erst nach dem Ende der Song-Ballade werden nochmals alle dargestellten Wörter auf einer Power-Point-Seite präsentiert (siehe Anhang II). In dieser Unterrichtsphase sollte man den SuS genügend

Zeit zum Nachdenken lassen (aufkommende Stille ruhig zulassen).

4. Bei der Gestaltung der Power-Point sowie bei allen anderen Materialien (Lerntheke, Bibeltext, nicht aber Arbeitsblätter) habe ich die Symbolfarbe „Grün" (Symbol der Auferstehung) benutzt, um insgesamt das Thema zu verdeutlichen. Auf die Bedeutung der Symbolfarbe „Grün" sollte aber schon vorher in der UE aufmerksam gemacht werden (vgl. Unterrichtsstunde: Friedhofsbesuch).

5. Die Power-Point-Präsentation, also das Einblenden der einzelnen Wörter sollte man als L vorher mehrmals ausprobieren und üben.

Anhang II

GRENZENLOS, ALLES WEIT
WEG, RUHE, FRIEDEN, SCHÖNER
WEG, HELL, FREUNDLICH,
BLUMEN REDEN WIE IMMER,
IRGENDWANN JEDE MENGE ZEIT,
STIMME IM WIND HÖREN ,
ALLE DENKEN AN DICH,
WEGGEZOGEN, WIEDERSEHEN,
SONNE AUF MEIN GRAB SCHEINT

aus: Power-Point-Präsentation von Astrid-Maria Gerhardt

Anhang III

Kunstbild: Kreuz und Auferstehung

Foto: von Günter Heizmann, 2001

siehe: Koretzki, Gerd-Rüdiger/Tammeus, Rudolf (Hrsg.); Religion – entdecken, verstehen, gestalten, 9./10. Schuljahr, Göttingen 2002.

(Das Bild kann hier aus urheberrechtlichen Gründen nicht dargestellt werden.)

Hinweise für L:

1. Inhaltliche Darstellung des Kunstbildes:
Das Kunstbild „Kreuz und Auferstehung" zeigt rechts und links zwei senkrechte, hellblaue Flächen. In der Mitte befindet sich ein Kreuz mit unterschiedlichen dunklen Blautönen. Mittig des Kreuzes öffnet sich senkrecht ein rissiger Spalt, durch den man in die Natur schauen kann. Das Kreuz zusammen mit den hellblauen Flächen rechts und links erwecken den Eindruck, dass hier eine Tür dargestellt ist, die sich öffnet und durch die man gehen kann.

2. Ich habe zur Song-Ballade die Präsentation des Kunstbildes „Kreuz und Auferstehung" als zusätzlichen Impuls gewählt, weil es explizit den Charakter der christlichen Auferstehungsbotschaft trägt und Brückenbauer zwischen den Vorstellungsbildern der biblischen Tradition und den eigenen Vorstellungen der heutigen Zeit ist.

3. Die SuS kennen das Kreuz als Auferstehungssymbol, als das Symbol Jesus Christus, der für uns am Kreuz gestorben ist. Somit erleichtert das Kunstbild zusammen mit der heutigen Vorstellung von Campino die Formulierung einer Problemfrage.

4. Je nachdem wie geläufig den SuS die Interpretation von Kunstbildern ist, sollten Hilfsimpulse gegeben werden (vgl. didaktisch-methodischer Kommentar: Hinführung).

5. Die Arbeitsaufträge (Anhang IV) habe ich als Power-Point-Seite präsentiert. Eine/ein SuS liest die Arbeitsaufträge vor. Je nachdem, ob die SuS Gruppenarbeiten gewohnt sind, kann man hier Zeit sparen. Die Aufträge können von L auch einfach verbal formuliert werden oder ohne Ankündigung lediglich an der Lerntheke ausgelegt werden. Ich habe mich für das Präsentieren und Vorlesen entschieden, weil die SuS danach überlegen können, mit wem sie zusammen und wie sie arbeiten wollen. Auf diese Weise lässt sich aufkommende Unruhe und Durcheinander vermeiden.

6. Erarbeitung und Präsentation:
Insgesamt war die Unterrichtsvorbereitung für eine Unterrichtsstunde ausgelegt. Würde ich die Stunde nochmals durchführen, wäre ein Zeitfenster von zwei Stunden ideal. Dadurch haben die SuS wesentlich mehr Zeit, das Thema zu verinnerlichen.

14

Anhang IV

Wähle dir einen der folgenden Arbeitsaufträge:

1. in Einzelarbeit:
• Schreibe einen Brief, in dem du dem Liedsänger Campino Trost spendest und ihn ermutigst , Hoffnungen haben zu dürfen. Der Bibeltextauszug (1. Korinther, Kapitel 15) dient dir als Hilfe.

2. in Partnerarbeit:
• Führt mithilfe der Ballade „Nur zu Besuch" und des Bibeltextauszuges (1. Korinther, Kapitel 15) ein Rollenspiel durch, wobei ein Partner die Rolle des Liedsängers Campino und der andere Partner die Rolle eines guten Freundes übernehmen soll.
Überlegt euch, wie ihr euch gegenseitig Trost spenden und Hoffnungen auf ein leben nach dem Tod machen könnt!

3. in Gruppenarbeit (max. 4 -5 Personen):
• Führt eine Gesprächsrunde, in der ihr diskutiert, inwiefern der Bibeltextauszug (1. Korinther, Kapitel 15) Trost spendet und Hoffnungen auf ein leben nach dem Tod macht.

Beachtet folgende Punkte:

1. Suche dir gegebenenfalls eine Partnerin/einen Partner oder findet euch in einer Gruppe zusammen!

2. Besorge dir deine/eure Materialien auf einem der vorbereiteten Materialtische!

3. Falls du/ihr Hilfe benötigst/t findest du auf einem weiteren Materialtisch Tippkärtchen mit weiteren Anregungen!

4. Überlegt euch wie ihr euer/e Ergebnisse präsentieren wollt!

Achtet auf die Zeit!!!

Anhang V (AB für die Lerntheke)

Arbeitsauftrag in Einzelarbeit:

Schreibe einen Brief,

in dem du dem Liedsänger Campino

Trost spendest

und ihn ermutigst,

Hoffnungen auf ein Leben

nach dem Tod haben zu dürfen.

Der Bibeltextauszug,

1. Korinther, Kapitel 15, dient dir als Hilfe.

Arbeitsauftrag in Partnerarbeit:

Führt mithilfe der Ballade

„Nur zu Besuch"

und des Bibeltextauszuges,1.Korinther,Kapitel15,

ein Rollenspiel durch,

wobei ein Partner die Rolle des Sängers Campino und der andere Partner die Rolle eines guten Freundes

übernehmen soll.

Überlegt euch,

wie ihr euch gegenseitig Trost spenden und Hoffnungen auf ein Leben nach dem Tod machen könnt!

Arbeitsauftrag in Gruppenarbeit

(max. 4 Personen):

Führt eine Gesprächsrunde,

in der ihr diskutiert,

inwiefern der Bibeltextauszug,

1. Korinther, Kapitel 15,

Trost spendet

und Hoffnungen auf ein Leben

nach dem Tod machen kann.

DER ERSTE BRIEF DES APOSTELS PAULUS AN DIE GEMEINDE IN KORINTH

(1. Korintherbrief)

ÜBER DIE AUFERSTEHUNG DER TOTEN

(Textauszug zu Kapitel 15)

gestaltet von Astrid-Maria Gerhardt

Christus wurde vom Tod auferweckt...

1 Brüder und Schwestern, (…).

3 Christus ist für unsere Sünden gestorben, wie es in den Heiligen Schriften vorausgesagt war,

4 und wurde begraben.

Er ist am dritten Tag vom Tod auferweckt worden, wie es in den Heiligen Schriften vorausgesagt war, (…).

12 Das also ist unsere Botschaft: Gott hat Christus vom Tod auferweckt. Wie können dann einige von euch behaupten, dass die Toten nicht auferstehen werden?

13 Wenn es keine Auferstehung der Toten gibt, dann ist auch Christus nicht auferweckt worden.

14 Und wenn Christus nicht auferweckt worden ist, dann hat weder unsere Verkündigung einen Sinn noch euer Glaube (…).

21 Durch einen Menschen kam der Tod. So kommt auch durch einen Menschen die Auferstehung vom Tod.

22 Alle Menschen gehören zu Adam, darum müssen sie sterben; aber durch die Verbindung mit Christus wird ihnen das neue Leben geschenkt werden (…).

25 Denn Christus muss so lange herrschen, bis er alle Feinde unter seinen Füßen hat.

26 Als letzten Feind vernichtet er den Tod. (…).

Wie sollen wir uns die Auferstehung vorstellen?

35 Aber vielleicht fragt jemand: »Wie soll denn das zugehen, wenn die Toten auferweckt werden? Was für einen Körper werden sie dann haben? «

36 Wie kannst du nur so fragen! Wenn du einen Samen ausgesät hast, muss er zuerst sterben, damit die Pflanze leben kann.

37 Du säst nicht die ausgewachsene Pflanze, sondern nur den Samen, ein Weizenkorn oder irgendein anderes Korn.

38 Gott aber gibt jedem Samen, wenn er keimt, den Pflanzenkörper, den er für ihn bestimmt hat. Jede Samenart erhält ihre besondere Gestalt (…).

42 So könnt ihr euch auch ein Bild von der Auferstehung der Toten machen. Was in die Erde gelegt wird, ist vergänglich; aber was zum neuen Leben erweckt wird, ist unvergänglich.

43 Was in die Erde gelegt wird, ist armselig; aber was zum neuen Leben erweckt wird, ist voll Herrlichkeit. Was in die Erde gelegt wird, ist hinfällig; aber was zum neuen Leben erweckt wird, ist voll Kraft.

44 Was in die Erde gelegt wird, war von natürlichem Leben beseelt; aber was zu neuem Leben erwacht, wird ganz vom Geist Gottes beseelt sein (…).

50 Brüder und Schwestern, das ist ganz sicher: Menschen aus Fleisch und Blut können nicht in Gottes neue Welt gelangen. Ein vergänglicher Körper kann nicht unsterblich werden.

51 Ich sage euch jetzt ein Geheimnis: Wir werden nicht alle sterben, wir werden aber alle verwandelt werden (…).   (gestaltet von Astrid-Maria Gerhardt)

Anhang IX

geplante Tafelbilder

1. Sequenz (Einstieg)

mögliche Gedanken der SuS zum Song-Text „Nur zu Besuch…":   • Der Liedsänger Campino trauert um seinen Freund,   • fühlt sich in der Nähe des Verstorbenen   • (z.B. auf dem Friedhof) wohl,   • liebt dort die Ruhe und den Frieden,   • der Verstorbene ist an einem anderen Ort,   • Sie werden sich wiedersehen.

2. Sequenz (Hinführung zur Problemfrage)

Kunstbild „Tod und Auferstehung"	**mögliche Gedanken der SuS zum Song-Text :** • Liedsänger Campino trauert um seinen Freund, • fühlt sich in der Nähe des Verstorbenen • (z.B. auf dem Friedhof) wohl, • liebt dort die Ruhe und den Frieden, • der Verstorbene ist an einem anderen Ort, • Sie werden sich wiedersehen… **mögliche Gedanken zum Kunstbild:** • Symbol Kreuz, • Durch das Kreuz kann man hindurchsehen oder durchgehen, • Das Symbol Kreuz steht für einen Neubeginn, • es zeigt uns, dass es ein Leben nach dem Tod gibt…

3. Sequenz

mögliche Problemfragen der SuS:

Gibt es ein Leben nach dem Tod?

Was ist nach dem Tod?

Gibt es eine Auferstehung nach dem Tod?

Was passiert, wenn wir gestorben sind?

Ergebnissicherung nach der Präsentation der SuS:

mögliche Aussagen:

Der Tod bedeutet, dass

Nach dem Tod werden wir

Jesus ist für uns am Kreuz

auferstanden.

Kunstbild „Tod und Auferstehung"

wir uns verwandeln.

bei Gott sein.

gestorben und am 3. Tage

So wie er, sterben wir und werden auferstehen.

Es gibt eine Hoffnung nach dem Tod.

Die Auferstehung ist wie... ein Weizenkorn, was man in die Erde sät...